MOYEN INFAILLIBLE

DE

RANIMER LE COMMERCE.

SE VEND AU PROFIT DES PAUVRES,
50 CENTIMES.

Paris,

CHEZ LEVAVASSEUR, LIBRAIRE,

AU PALAIS-ROYAL.

1831.

IMPRIMERIE DE AUG. AUFFRAY.

LETTRE

A MM. LES MEMBRES

DE LA

COMMISSION COMMERCIALE

SUR

LES MOYENS DE RANIMER LE COMMERCE ET L'INDUSTRIE.

Le luxe est l'âme du commerce.

PARIS,

CHEZ LEVAVASSEUR, LIBRAIRE,

AU PALAIS—ROYAL.

1851.

Imp. de AUFFRAY, passage du Caire, n. 54.

LETTRE

A MESSIEURS LES MEMBRES

DE

LA COMMISSION COMMERCIALE.

Messieurs ;

Vous avez, par l'organe des journaux, sollicité des renseignemens sur les moyens de ranimer le commerce qui s'éteint. Votre commission, composée de négocians distingués par les lumières que peut donner une solide instruction et une longue expérience, doit connaître ces moyens. Si elle hésite à les proclamer, ne serait-ce pas dans la crainte de se mettre en opposition avec les idées qui flattent l'imagination, généreuse sans doute, mais dépourvue de sens commun, de quelques jeunes philosophes de vingt ans, de quelques prétendus économistes qui croient savoir gérer les affaires d'un grand peuple, et qui n'ont encore eu à gouverner que la tournure de leur habit à la

mode, ou la frisure de leurs moustaches nais-
santes.

Osez, Messieurs, osez vous élever au-dessus
des idées ridicules de ces jeunes étourdis qui ne
nous prêchent l'économie que parce qu'ils n'ont
pas le sou dans leur poche. Osez proclamer avec
moi que le luxe, et le luxe au plus haut degré,
est l'âme du commerce.

Une admirable révolution renverse une monarchie sans éclat et sans splendeur. On élève
une monarchie nouvelle, monarchie populaire,
qui aurait dû se distinguer de l'ancienne par
un entourage plus brillant et plus pompeux,
digne en un mot d'une nation hautement civi-
lisée, et toute livrée aux arts et à l'industrie.
Mais mes jeunes fous crient à tue-tête que nous
avons fondé une monarchie républicaine; et le
monarque, pour paraître républicain, va se
promener seul à pied dans la rue; pour se mon-
trer populaire, ne veut point avoir de cour, et
craint de garder dans sa maison trop de domes-
tiques pour son service. Aussitôt tous les grands,
tous les riches de l'état, de se promener à pied
pour imiter le monarque, ainsi que c'est l'usage,
de laisser la voiture sous la remise, d'envoyer
les chevaux au marché, et de mettre valets et
servantes sur le pavé, pour vivre en philosophes
et en républicains. Manière de vivre admirable,

simplicité touchante assurément dans l'histoire de quelque Lacédémone, mais qui tue nécessairement le commerce de Paris!!

Quittons, Messieurs, quittons, croyez-moi, ces manières de Spartiates qui ne nous conviennent point, et qui ne sont bonnes qu'à conduire le peuple manger de la bouillie sur la place publique, quand il doit avoir la poule au pot chez lui. Revenons à nos mœurs, aux brillantes habitudes de luxe et de dépense que nous ont faites et notre civilisation et notre industrie. Alors, et seulement alors, le commerce fleurira de nouveau, tout le monde sera heureux, et tout le monde appréciera les fruits de cette liberté qui fera vivre tout le monde.

De toutes parts nous demandons des secours pour le commerce. Ainsi, ce paysan, quand un soleil brûlant dévore l'herbe de son pré, demande la pluie à un ciel sans nuages. Hé! mon ami, cesse de crier; tes supplications n'amèneront pas la pluie avant que l'orage ne se forme. Regarde, vois ce ruisseau qui coule à deux pas de ta prairie; prends une pioche, creuse un canal, et amène l'eau du ruisseau dans ton pré. La pluie viendra plus tard; mais ta prairie ne séchera point en l'attendant.

Et nous de même, négocians, cessons de crier après la pluie; mais aidons à creuser le

canal qui doit faire couler le ruisseau dans le
commerce. Encore une fois, mes amis, ce ruisseau c'est le luxe ; ce canal c'est la dépense qu'il
occasionne. Le luxe, Messieurs, le luxe est le
bienfaiteur des nations civilisées, la providence
de l'industrie. Laissons le maudire par le mora-
liste atrabilaire qui n'en connut jamais les inap-
préciables avantages ; mais nous, sachons re-
connaître sa douce influence sur le bonheur de
l'homme, et ne craignons pas de lui élever des
autels. A quoi sert au monde ce sage morose
qui ne sait pas dépenser ? Il se contente du nécessaire! Mais le nécessaire coûte trop peu ; et le
commerce ne saurait vivre à côté de gens qui
vivent de rien.

Une fois bien convaincus de la nécessité du
luxe et de ses moyens infaillibles d'alimenter
le commerce et l'industrie, recherchons comment il a pu s'éloigner de notre belle patrie,
qu'il chérissait depuis si long-temps, et quels
moyens nous devons employer pour l'y ra-
mener.

Accoudé hier à l'un des piliers de Saint-Roch,
une distraction tourna mes regards vers la nef.
Il était une heure après douze. A cette heure
jadis vous eussiez vu là un essaim nombreux de
célestes houris ; vous seriez tombés en extase
devant tant de beautés rassemblées, ou si votre

cœur, aussi froid que le marbre sur lequel elles s'agenouillaient, avait laissé votre esprit assez tranquille pour les examiner et les juger, vous n'eussiez pas su prononcer qui l'emportait dans leur âme, ou de l'ardeur de la dévotion, ou de *l'amour de la parure.*

Mais alors...... tandis que nos belles étaient livrées à leur pieuse occupation, que de jeunes papillons voltigeaient autour de l'enceinte, s'efforçant d'attirer sur la terre des yeux tournés vers le ciel, et de dérober des soupirs poussés vers la divinté.

Hier encore j'ai vu des houris à Saint-Roch.... Mais !.... il n'y avait plus de papillons.... Aussi, quelles houris, grand Dieu ! et comme elles étaient accoutrées !.... femme de chambre eût rougi autrefois de paraître au saint lieu en si mince attirail.

Mais aussi, pour qui diable voulez-vous qu'une femme fasse toilette en allant à l'église, quand elle sait d'avance que personne ne sera là pour la regarder ?....

Tous nos jeunes gens ceinturés de baudriers, et le fusil sur l'épaule, s'en vont dès le matin trotter dans la boue pour faire l'exercice, ou s'atteler au char funèbre d'un philosophe. Mais à l'église, ils n'y vont plus.... et nos belles se morfondent à prier Dieu, seules, sans distraction et *sans parure*. Et ils veulent que le commerce marche !!!

Et nous mêmes, nous, négocians, ne sommes-nous pas nos propres bourreaux !.... Depuis qu'un saint amour de la chose publique nous fait négliger la nôtre deux ou trois fois par mois, comment agissons-nous ?.... En vrais fous, il faut bien le dire. Voulons-nous nous divertir, rire et boire avec nos amis, au lieu de revêtir nos anciens habits de fête, et de les renouveler, s'ils sont usés, nous dédaignons le costume privé pour l'uniforme public; nous mettons ce dernier à toute sauce; et le jour viendra bientôt qu'à force de l'user nous n'aurons plus d'habit.

Et nous voulons que le commerce vive !!! Encore, comment nous divertissons-nous ?.... Une fois par mois, à tour de rôle, nous allons dépenser dix francs aux Vendanges de Bourgogne; là nous buvons, nous chantons, nous rions; mais pendant ce temps-là, nos femmes et nos filles, *en déshabillé modeste*, grattent la cendre près du feu; et ne voilà-t-il pas un bon réconfort pour l'industrie !!....

Si nous ne devons bientôt plus avoir d'habit, déjà nos députés n'ont plus de costumes, et je les ai vus, de mes yeux vus, accompagner Benjamin en redingottes à l'anglaise; d'où, grand profit à messieurs les brodeurs.

Laffitte monte à la tribune, et nous dit en jolis mots qu'il faut économiser les finances publiques. Députés, de crier *Bravo!*....... Tribunes, d'applaudir!....... Et chaque auditeur s'en va persuadé que l'économie des finances publiques doit commencer par l'économie des siennes.

Et toujours d'erreurs en erreurs!

O! Français, mes concitoyens, mes bons amis, vous êtes fous avec vos économies, qui nous mèneront tous à l'hôpital!......

Laffitte, sans doute, est un habile homme, et son éloquence admirable. J'aime à lire ses harangues dans le journal du soir. Mais combien je serais plus content si je lisais dans un journal du matin : « Cette nuit trois mille per-« sonnes étaient au bal chez M. Laffitte »! *Bravo!* m'écrirais-je à mon tour, trois fois *Bravo!*....... Ces trois mille personnes, pour aller au bal, ont fait travailler pendant huit jours trois mille ouvriers qui ont gagné pour en vivre quinze, et le commerce en vivra bien deux ou trois......

C'est au bal que va le luxe; c'est à l'église qu'il paraît quand les jeunes gens s'y présentent; c'est à la cour qu'il habite, quand il y a une cour.... Mais il ne va pas à l'exercice ni à l'enterrement des philosophes, ni aux Vendanges de Bourgogne, ni à la Chambre des députés qui n'ont point de costumes neufs.

Ainsi, Messieurs mes confrères, puisque nous avons perdu l'habitude d'aller à l'église, et que nous ne pouvons pas aller à la cour, parce qu'il n'y a pas de cour; n'allons pas non plus aux Vendanges de Bourgogne...... Si nous voulons que le luxe nous favorise, allons au bal. C'est le ruisseau qui peut encore nous fournir un petit filet d'eau, en attendant les rosées abondantes de la cour et de l'église. Oui, mes amis, c'est notre dernière ressource; il faut savoir en user. Buvons moins et dansons davantage. Nos femmes et nos filles, pour danser avec nous, *s'habilleront*, et pour leur plaire à notre tour nous ferons faire un habit neuf. Là, nos plaisirs mieux partagés nous sembleront plus doux, et le tailleur, et la couturière, et la modiste, et le coiffeur s'en trouveront bien; et nos étoffes sortiront de la poussière de nos magasins.

Mais, me direz-vous, comment pouvez-vous nous parler de danser et de faire de folles dépenses au moment où nous nous préparons à défendre notre indépendance; quand on s'occupe à fortifier Lyon, et à établir un camp retranché aux portes de Paris ? ... C'est bien le temps de danser !.....

Je ne m'attendais pas, Messieurs, à cette objection. Qu'est-ce à dire ? Ne serions-nous plus Français, que nous n'oserions plus danser la veille d'une bataille !... Et qu'y aurait-il donc de merveilleux pour nous, d'aller donner le bal aux Russes et aux Prussiens, après avoir fait danser nos dames ?..... Et nos remparts s'éleveraient-ils moins vite, parce que nous y travaillerions en cadence ?....

> Aux accords d'Amphyon les pierres se mouvaient
> Et sous les murs thébains en ordre s'élevaient.

Nous sommes plus que des Thébains, et les Amphyon ne manquent pas parmi nous...... Dansons, Messieurs, dansons hardiment. La danse fortifie l'âme, et donne de la vigueur au corps. C'est aux Russes de craindre, et non pas à nous. Qu'ils apprennent que nous dansons en les attendant, et ils seront glacés d'épouvante, et nous n'aurons plus à combattre que des ennemis déjà vaincus.

Mais calculons si le bal peut amener un luxe assez grand pour être utile au commerce ; car, en fait de commerce, tout doit se réduire en chiffres.

Il y a bien, si je ne me trompe, environ

quatre-vingts bataillons de garde nationale à Paris. Chaque bataillon n'a guère moins de mille à douze cents hommes. Je suppose que cinq cents hommes seulement par bataillon (et j'entends les cinq cents plus riches) se décident à souscrire pour un bal chaque semaine. Chaque cavalier amenant nécessairement une dame, ce bal sera composé de mille personnes. C'est bien peu si chaque personne ne dépense pas, en frais de toilette et autres qu'exige un bal, une dixaine d'écus. C'est donc trente mille francs que chaque bal d'un seul bataillon mettra en circulation comme dépense de luxe ; et, en multipliant cette somme par quatre-vingts, nous aurons un mouvement d'écus de deux millions quatre cent mille francs par semaine, occasionné seulement par les bals de la garde nationale..... Et, si ces bals se continuaient pendant dix semaines seulement, ce ne serait pas moins de vingt-quatre millions qu'ils fourniraient dans ce court espace de temps au commerce et à l'industrie. Je dis *au commerce* et à *l'industrie ;* car il est bien évident que directement ou indirectement tout cet argent viendrait dans nos caisses. Certes, vous conviendrez, Messieurs, que ce serait là un joli petit secours, qui vaudrait bien celui accordé par le gouvernement, et que nous ont marchandé les Chambres, d'autant mieux que nous ne serions obligés ni de rendre, ni de fournir hypothèque.

Et remarquez, Messieurs, que je n'établis mon calcul que sur les bals de la garde nationale. Or, j'ose répondre qu'elle ne manquerait pas d'imitateurs. A peine serait-elle en mesure, que tout le monde voudrait figurer comme elle. Le peuple est toujours un peu mouton, et le premier qui saute fait sauter tous les autres. Cette fois le plaisir de l'imitation gagnerait jusqu'au faubourg Saint - Germain. Là, sont de vieilles douairières qui intriguent, irritées qu'elles sont de ce que nous avons envoyé promener en Écosse le roi chevalier, qui leur contait fleurette il y a cinquante ans. Mais là, sont aussi des milliers de jeunes nymphes, à la taille fine et légère et aux pieds agiles, qui ne boudent contre nos trois journées, que parce que l'on ne danse plus. Quand nous danserons elles seront à nous. Voit-on jamais bouder une jolie femme, quand un galant danseur demande sa main pour faire la queue du chat?..... On dansera donc au faubourg Saint - Germain, c'est chose indubitable; on dansera à la Chaussée-d'Antin; on dansera même à la cour, parce qu'il se formera une cour tout exprès pour danser; et tout Paris dansera à la fois. Mais, quand Paris donne le branle, les départemens ne se font pas attendre; et l'on peut être assuré que tous se lèveront pour danser avec nous. Compte alors qui pourra les millions que feront circuler tous ces bals innombrables, et que l'on me dise ensuite que la danse n'est pas un des puissans auxiliaires du commerce et de l'industrie.....

Que si, à l'exemple de nos grands orateurs, il m'était permis de sortir un moment de la question pour faire une petite excursion dans le domaine de la politique, je pourrais vous démontrer que la danse est pour nous un moyen infaillible de conserver la paix du monde. En effet, vous le savez, Messieurs, tous les peuples sont jaloux de nous imiter. Inventons-nous une mode nouvelle? aussitôt Londres et Pétersbourg en raffollent, et d'un vol elle arrive de Paris au Pérou.... Faisons-nous de temps en temps une petite révolution pour nous distraire? tous les peuples au même instant font, ou veulent faire une petite révolution. Il est donc bien évident qu'en nous voyant danser les pieds leur démangeront, et que tous feront comme nous.... Et quel plaisir alors ne sera-ce point d'apprendre que les Espagnols sautent *le fandango*, que les Autrichiens et les Italiens font *le dos à dos*, que les Belges et les Polonais marchent *en avant deux !*... Qui ne sera satisfait de voir *walser* les Allemands, *balancer* les Prussiens, *croiser* les Anglais, *chasser* les Russes, et *pirouetter* les Cosaques!...... Les Turcs eux-mêmes!.... Oui, Messieurs, les Turcs, à l'instar de Paris, voudront danser *la Galopade*!.... Et alors, pour toute rivalité, les nations ne conserveront plus que la noble émulation de se vaincre en entrechats!.... Et alors, paix universelle!.... Car, après la danse, le repos est de rigueur.... Et alors, pour revenir à la question, quelle aubaine pour le commerce!... Messieurs, je vous le laisse à juger.

Pardonnez...., je ne comptais vous écrire qu'une page, et bientôt j'aurai fait un volume. A mon avis, un sujet aussi grave méritait quelques développemens. Je m'arrête, toutefois, et le livre à vos plus sérieuses méditations pour en tirer tout le parti dont il m'a paru susceptible.

En attendant, j'ai l'honneur de vous présenter, Messieurs, le triple salut de

Votre très humble et très obéissant serviteur,

RIGAUDON,
Négociant patenté.

P. S. Bonaparte, qu'il faudra toujours citer,

parce qu'il fut aussi habile administrateur que grand capitaine, Bonaparte avait des goûts simples. Son petit chapeau sans bordure et sa redingotte grise le prouvent de reste. Mais, s'il n'aimait pas le luxe pour lui, il l'aimait pour le peuple qui vit du luxe. Aussi exigeait-il que tous ses employés civils et militaires fussent couverts de broderies, et étouffassent sous le poids des galons même au plus fort de la canicule. Il donnait à tous des traitemens honnêtes, mais pour les faire dépenser. Quelle grimace il eût fait si l'un de ses généraux, de ses préfets ou de ses chambellans l'eût abordé *en négligé*, ou s'il eût appris que l'argent qu'il leur donnait était mis à l'épargne ou joué à la bourse!.... Aussi que d'ouvriers vivaient heureux en travaillant pour tant de gens dorés, brodés, galonnés!..... Et aujourd'hui..... ils meurent de faim!.... Mais nos jeunes philosophes à poil follet ne veulent plus de galons, ni de broderies.